O Pequeno Livro de
Madre Teresa

Sangeet Duchane

O Pequeno Livro de
Madre Teresa

Tradução:
Gilson César Cardoso de Sousa

EDITORA PENSAMENTO
São Paulo

Título original: The Little Book of Mother Teresa.

Copyright © 2004 The Book Laboratory Inc.

Todos os direitos reservados. Nenhuma parte deste livro pode ser reproduzida ou usada de qualquer forma ou por qualquer meio, eletrônico ou mecânico, inclusive fotocópias, gravações ou sistema de armazenamento em banco de dados, sem permissão por escrito, exceto nos casos de trechos curtos citados em resenhas críticas ou artigos de revistas.

A Editora Pensamento-Cultrix Ltda. não se responsabiliza por eventuais mudanças ocorridas nos endereços convencionais ou eletrônicos citados neste livro.

Dados Internacionais de Catalogação na Publicação (CIP)
(Câmara Brasileira do Livro, SP, Brasil)

Duchane, Sangeet
    O pequeno livro de Madre Tereza / Sangeet Duchane;
tradução Gilson César Cardoso de Sousa. -- São Paulo : Pensamento, 2006

    Título original: The little book of Mother Theresa.
    ISBN 85-315-1467-3

    1. Religiosas - Biografia 2. Teresa, de Calcutá, Madre, 1910-1997 I. Título.

06-6477   CDD-922.2

Índices para catálogo sistemático:
1. Madre Teresa de Calcutá : Biografia 922.2

O primeiro número à esquerda indica a edição, ou reedição, desta obra.
A primeira dezena à direita indica o ano em que esta edição, ou reedição, foi publicada.

Edição	Ano
1-2-3-4-5-6-7-8-9-10-11	06-07-08-09-10-11-12-13

Direitos de tradução para o Brasil
adquiridos com exclusividade pela
EDITORA PENSAMENTO-CULTRIX LTDA.
Rua Dr. Mário Vicente, 368 — 04270-000 — São Paulo, SP
Fone: 6166-9000 — Fax: 6166-9008
E-mail: pensamento@cultrix.com.br
http://www.pensamento-cultrix.com.br
que se reserva a propriedade literária desta tradução.

Sumário

Infância e Adolescência   9

Uma Nova Vida   23

Inspiração   37

Uma Nova Missão   45

A Ordem   51

Serviço em Calcutá   65

Fora de Calcutá   83

Fora da Índia   89

Cartas de Madre Teresa   99

Reveses   105

Os Irmãos   113

Reconhecimento   121

Controvérsia   127

Problemas de Saúde   137

Beatificação   147

Infância e Adolescência

A mulher que, mais tarde, se tornaria a famosa Madre Teresa, nasceu em 26 de agosto de 1910 na cidade de Skopje, hoje em território da República da Macedônia. Foi registrada como Agnes Bojaxhiu, mas alguns biógrafos afirmam que seu

segundo nome era Gonxha ("flor em botão") e outros que esse foi apenas um apelido recebido na infância. De qualquer modo, ela se tornou conhecida como Agnes Gonxha Bojaxhiu.

Seus pais eram Nikola, comerciante de uma próspera família de mercadores, e Dranafile Bojaxhiu. Agnes tinha um irmão, Lazar, e uma irmã, Aga, mais velhos. Tanto Nikola quanto Drana, como a chamavam, consideravam-se etnicamente albaneses, embora proviessem de uma região da Iugoslávia que outrora pertencera à Sérvia. Hoje os governos da Albânia e da Macedônia, onde agora está localizada Skopje, reivindicam a honra de ser a pátria de Madre Teresa.

A cidade de Skopje tem uma história longa e atribulada, sendo que à época do nascimento de Agnes pertencia ao Império Otomano. Essa antiga cidade da Ilíria tornou-se um posto avançado romano no século IV d.C., com o nome de Scupi. Em 1189, foi conquistada pelos sérvios e, em 1392, pelos turcos otomanos. Fez parte do Império Otomano até 1913, quando caiu novamente em mãos dos sérvios.

A transição do domínio turco para o sérvio não foi nada fácil e teve grande impacto na vida de Agnes. Os habitantes de origem albanesa da região queixavam-se das atrocidades cometidas pelos

Infância e Adolescência

sérvios e pleitearam junto à Liga das Nações sua integração à Albânia. Nikola Bojaxhiu defendia a independência albanesa e, em 1918, compareceu a uma reunião em prol da liberdade da etnia albanesa em Belgrado. Voltou para casa com uma hemorragia interna e faleceu após uma cirurgia de emergência. Lazar Bojaxhiu nunca teve dúvidas de que seu pai fora envenenado.

Os sócios de Nikola logo se apossaram de seu patrimônio, deixando Drana e os filhos com pouco mais que a casa onde residiam. Agnes, com 8 anos, acostumada à prosperidade, passou a viver no limiar da pobreza. Drana conseguiu superar a dor e passou a sustentar a família costurando, bordando e vendendo roupas.

Nikola sempre fora um entusiasta da caridade. Os filhos se lembravam de ouvi-lo dizer: "Nunca comam um único bocado sem partilhá-lo com os semelhantes." A jovem Drana retomou essa postura após a morte do marido. Embora ela e os filhos tivessem pouco, sempre havia por perto alguém a participar desse pouco. Agnes, ao crescer, descobriu que nem todas as pessoas que freqüentavam a casa eram parentes, conforme supusera quando criança. Algumas pertenciam à comunidade que a mãe adotara. A

Infância e Adolescência

visão de caridade de Drana também impressionou Agnes. Drana costumava dizer: "Quando você fizer o bem, faça-o às ocultas como se estivesse atirando uma pedra ao mar."

A família Bojaxhiu era católica romana, parte de uma reduzida minoria naquele recanto predominantemente islâmico do Império Turco. Dos cristãos da região, quase todos eram ortodoxos, não católicos romanos. Minoritários, os católicos se mostravam muito ciosos de sua fé. Quando Nikola ainda vivia, discutiam-se freqüentemente questões políticas em casa, mas quando Drana, mais religiosa, assumiu o papel de chefe da família, a religião predominou nas conversas.

Agnes foi bastante influenciada por um jesuíta croata chamado padre Jambrekovic, que lhe ensinou os exercícios espirituais do fundador de sua ordem, Inácio de Loyola: "Que fiz eu por Cristo? Que estou fazendo por Cristo? Que farei por Cristo?" O padre falou-lhe da obra missionária dos jesuítas iugoslavos na Índia e deu-lhe alguns exemplares da revista *Catholic Missions*. Ali, Agnes leu sobre freiras que habitavam cabanas em regiões selvagens, onde deparavam com tigres e outras feras. Elas e os aldeões às vezes ficavam na iminência de morrer de fome. Muito pequena, Agnes se interessara por obras missionárias na África, mas agora voltava os olhos para a Índia.

Quando criança, Agnes sempre participou ativamente das tarefas da Igreja e fazia parte de um grupo de jovens que cantavam

Infância e Adolescência

no coro, no qual ela e sua irmã Aga freqüentemente se apresentavam como solistas. Aos 12 anos, começou a suspeitar que tinha vocação para freira, mas ainda não estava bem segura disso. Perguntou ao padre Jambrekovic como poderia certificar-se de sua vocação e ele lhe explicou que a prova de se ter escolhido o caminho certo em qualquer empreendimento é a alegria. Se ela se sentisse alegre, aquele seria o ponteiro da bússola indicando o rumo que deveria tomar na vida.

Seu irmão Lazar conta histórias sobre ela nessa época que a mostram tão devota quanto obediente às regras. Naquele tempo, os católicos romanos só podiam tomar a comunhão de manhã se tivessem feito jejum a partir da meia-noite. Lazar, moleque típico, às vezes se esgueirava para a cozinha à cata de um petisco depois da hora prescrita. Se o surpreendia, Agnes pregava-lhe um sermão sobre a importância do jejum antes do sacramento, mas nunca falou à mãe sobre aquelas incursões noturnas. Lazar se lembrava também de um padre chamado Zadrima, que insistia em reforçar sua disciplina já rigorosa com a ajuda de uma grossa bengala.

O PEQUENO LIVRO DE MADRE TERESA

Quando ele insinuou que o padre lhe desagradava, Agnes lhe disse: "É seu dever amá-lo e respeitá-lo. Ele é sacerdote de Cristo."

Agnes não era uma menina saudável; sofria de malária, tinha um pé disforme e contraía freqüentes infecções pulmonares. Todos os anos, muitos membros da comunidade, inclusive os não-católicos, faziam uma peregrinação ao santuário de Nossa Senhora de Letnice, nas encostas da Montanha Negra de Skopje. Drana costumava dispor as coisas de modo a permitir que Agnes passasse lá um tempo extra por causa de sua saúde delicada. E foi lá que a menina, após muito orar por seu futuro, finalmente decidiu, aos 18 anos, que de fato tinha vocação religiosa.

Drana não se sentiu muito entusiasmada com a notícia. Aquela vocação levaria a filha para longe de sua família tão unida. Não lhe deu permissão e encerrou-se no quarto por 24 horas. Ao sair, mudara de idéia e disse a Agnes que consentiria se a jovem lhe prometesse "ficar apenas e totalmente com Deus e Jesus". Esse seria um refrão recorrente na existência posterior de Agnes e que ela transmitiria às irmãs da ordem que fundou.

Infância e Adolescência

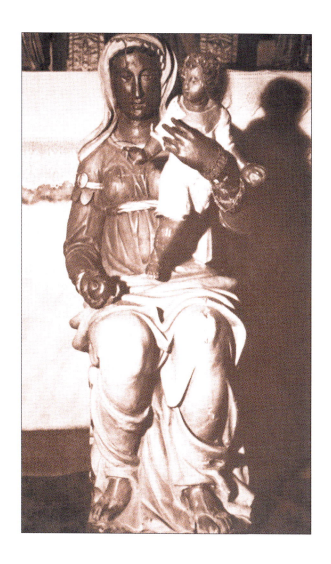

Infância e Adolescência

Agnes resolvera juntar-se às Irmãs de Loreto, o ramo irlandês do Instituto da Santa Virgem Maria, cujo trabalho fora muito elogiado pelos padres iugoslavos em Bengala. As Irmãs de Loreto dedicavam-se a instruir moças. Como Nikola tinha sido um homem progressista, empenhado para que as filhas e o filho recebessem uma boa educação, Agnes estava pronta para começar seu aprendizado de professora.

Frases de Madre Teresa

É fácil amar as pessoas que estão longe,

mas nem sempre as que estão perto de nós.

É mais fácil dar uma tigela de arroz para mitigar

a fome do que aliviar a solidão e a dor de alguém

que não é amado em sua própria casa.

Leve amor para dentro dessa casa, pois é aí que

deve começar nossa dedicação ao próximo.

Uma Nova Vida

Agnes viajou a Paris em companhia de outra jovem de sua região que também decidira juntar-se às Irmãs de Loreto. Uma vez aceitas na ordem, foram enviadas a Dublin para um curto período de treinamento e depois mandadas de navio para a Índia. A bordo, conheceram freiras de outras ordens missionárias que empreendiam a mesma jornada. Agora era a vez da própria Agnes escrever cartas para a revista *Catholic Missions*; e quando ela avistou Madras pela primeira vez, anotou assim o choque que sentiu diante do cenário à sua frente:

> Numerosas famílias vivem nas ruas, junto às muralhas da cidade, em locais abarrotados de gente. Permanecem dia e noite ao relento, estendidas em esteiras que elas mesmas fabricam com largas folhas de coqueiro – ou no chão duro. As pessoas

andam praticamente nuas, às vezes apenas com uma tanga esfarrapada. ... Se nossos compatriotas pudessem ver isso, parariam de queixar-se de seus próprios infortúnios e agradeceriam a Deus por tê-los abençoado com tamanha abundância.

Agnes e sua companheira entraram para o convento do Loreto, num local montanhoso de Darjeeling, para fazer seu noviciado. Estava-se no apogeu do domínio britânico na Índia, o Raj, que controlava tanto a riqueza quanto as rédeas do governo da região. Sempre

consciente de sua ascendência, a comunidade britânica tinha cultura própria, que se sobrepunha, excluindo-a, à dos indianos em maioria. A educação ministrada por religiosas européias podia ser, às vezes, útil aos indianos que, dessa forma, aprendiam a conviver e a trabalhar no seio do Raj.

Uma Nova Vida

Em Darjeeling, Agnes tornou-se a irmã Teresa. Queria tomar por santa padroeira Thérèse de Lisieux, conhecida como Pequena Flor, mas havia já na ordem do Loreto na Índia outra freira chamada Thérèse e ela teve de adotar a grafia espanhola do nome. Esse é também o nome de outra santa, Teresa de Ávila, que viveu na Espanha do século XVI. Embora Madre Teresa negasse posteriormente a intenção de tomar Teresa de Ávila por madrinha, seguiu-lhe o exemplo ao fundar uma ordem de regras mais estritas do que era comum na época.

Irmã Teresa e suas colegas de noviciado estudavam para ser professoras, aprendendo os idiomas hindi e bengali, além de outras disciplinas. Teresa costumava também ajudar, nas horas vagas,

Uma Nova Vida

a equipe de enfermeiras de um hospital de Darjeeling. Lembrava-se do dia em que um homem aparecera ali com um menino à beira da morte:

> O homem, receoso de que não aceitássemos a criança, diz: "Se não o quiserem, vou jogá-lo no mato. Os chacais não torcerão o nariz para ele." Meu coração estremece. Pobre garoto! Fraco e cego – totalmente cego. Com imensa piedade e amor, tomo-o nos braços e enrolo-o em meu avental. A criança encontrara uma segunda mãe.

A biógrafa autorizada de Madre Teresa, Kathryn Spink, conta que durante seu noviciado ela era conhecida por sua atitude profundamente espiritual face ao sofrimento. "Sob outros aspectos, ela podia quase passar despercebida: não muito culta, não muito inteligente. Na verdade, é por sua falta de destreza em acender as velas para a Ação de Graças que algumas pessoas a relembram."

Findo o seu período de treinamento em Darjeeling, a irmã Teresa foi enviada como professora para Loreto Entally, uma das seis escolas administradas pela ordem em Calcutá (hoje Kolkata) na época. A ordem do Loreto era bastante conhecida em toda a Índia pela qualidade de sua educação. Embora apenas 2% dos indianos fossem cristãos, 20% freqüentavam escolas mantidas por religiosos católicos. O estabelecimento onde a irmã Teresa passou a lecionar acolhia meninas de famílias indianas ricas e as aulas eram dadas em inglês. Havia no mesmo aglomerado de edifícios outra escola para crianças pobres onde se ministravam as aulas em bengali, a cargo das Filhas de Santa Ana, uma ordem de mulheres bengalis associada à do Loreto.

A irmã Teresa ensinou geografia e depois história, adquirindo fama de mestra das mais inspiradoras. A vida era tranqüila, por isso a ordem do Loreto praticava a semiclausura, e ninguém podia transpor os muros do convento exceto para ir ao retiro anual em Darjeeling ou, em caso de emergência, como uma visita ao hospital. A freira fazia a viagem escondida num carro particular e acompanhada por uma colega da ordem.

Outra irmã do Loreto recorda Teresa, nesse período, como uma pessoa enamorada de Deus e amistosa, mas que nunca antepunha a amizade à devoção.

Uma Nova Vida

Em 24 de maio de 1937, aos 26 anos, a irmã Teresa fez seus votos definitivos na ordem e tornou-se Madre Teresa. Todas as mulheres da ordem do Loreto que fazem esses votos passam a ser chamadas de Madre. Ela continuou na carreira de professora, que seguiria por dezenove anos.

Tempos difíceis para Calcutá iriam transtornar a vida de Madre Teresa. Sempre houvera pobreza na cidade durante o período de dominação britânica, mas funcionários conseguiam confiná-la aos becos distantes, fora das vistas da vida social inglesa. Com a eclosão da Segunda Guerra Mundial, tudo mudou.

Como possessão britânica, a Índia tornava-se automaticamente inimiga das potências do Eixo. Inundações e um ciclone destruíram, em 1942, quase todas as lavouras de Bengala; e por isso, quando os japoneses ocuparam a Birmânia, cortando o suprimento de arroz para aquela região em 1943, as coisas assumiram proporções calamitosas. A fome se alastrou e refugiados começaram a atulhar a cidade. A má administração britânica e a corrupção no controle dos suprimentos alimentares pioraram ainda mais a vida de todos. Alguns ingleses, inclusive mulheres, fizeram o possível para

Uma Nova Vida

ajudar. Residências se encheram de desabrigados; distribuiu-se comida – mas milhões morreram apesar de todos os esforços.

Durante a guerra, boa parte dos alunos foi removida e a diretora de Entally, transferida. Madre Teresa tomou-lhe o lugar durante sua ausência. A carta que, na ocasião, escreveu à mãe e a resposta desta ilustram bem a natureza de suas relações. "Vida nova! Nossa sede aqui é ótima", dizia Madre Teresa. "Sou professora e gosto do trabalho. Sou também diretora da escola e todos aqui me querem bem." "Querida filha", respondia a mãe, "não se esqueça de que está na Índia a serviço dos pobres."

Uma Nova Vida

Em 1942, a escola Entally foi requisitada para abrigar um hospital militar e Madre Teresa teve de transferir-se para uma instalação menor. Ao final da guerra, alunos e professores regressaram. Questionou-se a capacidade de Madre Teresa no cargo, que foi retomado pela antiga diretora, com Madre Teresa como sua assistente.

Estava claro que, embora "vitoriosa" na guerra, a Grã-Bretanha era agora uma nação enfraquecida. Já não tinha força nem ânimo para se opor à independência da Índia. Iniciaram-se as negociações para a divisão do país em dois: Hindustão e Paquistão. As desavenças entre hindus e muçulmanos acirraram-se e houve tumultos em Calcutá.

Um dia, não havendo mais com que alimentar os professores e as centenas de alunas de Entally, Madre Teresa quebrou as regras da clausura e saiu em busca de comida. O dia que escolheu para isso foi um dos mais turbulentos em Calcutá: pelo menos 5.000 pessoas pereceram. Chocada e horrorizada com tamanha violência, ainda assim conseguiu um pouco de arroz e foi escoltada de volta ao convento por oficiais do exército.

O PEQUENO LIVRO DE MADRE TERESA

Frases de Madre Teresa

O amor é um fruto que dá em todas as estações.

O amor pode aquecer três meses de inverno.

Inspiração

Em 1946, Madre Teresa adoeceu e foi mandada para Darjeeling, na época do retiro anual, a fim de descansar e recuperar-se. No trem para Darjeeling, em 10 de setembro – data desde então celebrada como Dia da Inspiração pelas Missionárias da Caridade –, Madre Teresa sentiu-se movida a fundar uma nova ordem.

Essa nova ordem deveria ser dedicada ao Imaculado Coração de Maria e seu objetivo consistiria em "saciar a infinita sede de Jesus Cristo na cruz por amor das almas". A frase se baseia nas palavras de Cristo crucificado, tais quais registradas em João 19:28: "Tenho sede." As capelas da ordem, no mundo todo, trazem essa inscrição.

Voltando de Darjeeling para Calcutá, Madre Teresa procurou seu mentor espiritual, o padre Van Exem, que lhe deu apoio e levou a petição ao então arcebispo Périer. O arcebispo não parecia tão entusiasmado com o projeto quanto o padre Van Exem. Já havia inúmeras ordens católicas dedicadas aos pobres na Índia. Não bastasse isso, aquela era uma fase de forte nacionalismo indiano, que obviamente se ressentia da influência européia. Périer achava que não seria seguro mandar uma mulher européia sozinha para as favelas. Outra freira fizera o mesmo pedido e depois lhe agradecera efusivamente por tê-la convencido a mudar de idéia. Achava, pois, que Madre Teresa também refletiria melhor sobre o assunto.

Nisso, subestimava-a. Ordenou-lhe que esperasse um ano antes de enviar a petição ao Vaticano. Ela obedeceu mais na forma que no espírito. Não enviou o documento ao Vaticano, mas repetiu insistentemente ao padre Van Exem que Jesus desejava para logo a fundação da ordem e convenceu-o a procurar inúmeras vezes o arcebispo Périer a fim de convencê-lo. De nada adiantou. O arcebispo continuou intransigente.

Nesse período, Madre Teresa foi transferida para Asansol, localizada a cerca de três horas de trem de Calcutá. Ali ficou encarregada do jardim e parecia gostar da tarefa. Mas aquilo não iria durar. Seis meses depois o arcebispo Périer ordenou ao Loreto que a trouxesse de volta a Calcutá, onde podia vigiá-la mais de perto.

Em janeiro de 1948, o arcebispo Périer concluiu que Madre Teresa não mudaria de idéia e que ela deveria ser autorizada a pedir desligamento da ordem, num processo chamado indulto. Há dois tipos de indulto. Um deles é o indulto de exclausuração, pelo

Inspiração

qual o religioso pode deixar o convento ou mosteiro sem renunciar aos votos. O outro é o indulto de secularização, que torna o religioso novamente leigo.

O arcebispo Périer ordenou a Madre Teresa que provasse sua fé em Deus pedindo o indulto de secularização. Ela primeiro escreveu à madre geral do Loreto, solicitando-lhe licença para pleitear um indulto de exclausuração. Périer insistiu em examinar a carta e reescreveu-a conforme as instruções que dera a Madre Teresa. A resposta da madre geral autorizava-a a requerer um indulto a Roma – mas de exclausuração, não de secularização.

O arcebispo Périer não estava disposto a alterar seu projeto de fazê-la confessar sua fé mediante um pedido de secularização. Talvez achasse que testaria sua firmeza induzindo-a a dar esse passo. Assim, a carta com o pedido de indulto de secularização foi encaminhada a Roma via Délhi. Anos depois, Madre Teresa descobriria que a mensagem jamais chegou a seu destino. A Igreja de Délhi, ciente da extrema necessidade de alívio para os pobres da Índia naqueles dias, concedeu-lhe um indulto de exclausuração de um ano, durante o qual o arcebispo Périer avaliaria seu trabalho e decidiria se ela estava qualificada para solicitar a fundação de uma nova ordem.

A notícia de seus planos provocou muita agitação em Entally. Houve tantas discussões e críticas que um aviso apareceu no quadro-negro: "Não censure. Não elogie. Reze."

Decidiu-se que Madre Teresa seria enviada a Patna, a um centro médico dirigido por outra ordem religiosa, a fim de aprender técnicas de enfermagem que seriam usadas em seu novo trabalho. Antes de encarar o que tinha pela frente, ela entrou no bazar local e comprou três saris dos mais baratos que pôde encontrar. Eram brancos, com três faixas azuis na orla. Disse que gostava da cor azul porque lhe lembrava a Virgem Maria. Vestia os saris sobre o hábito inteiramente branco. Para evitar despedidas constrangedoras, deixou Entally na calada da noite, levando consigo os três saris, o bilhete de trem para Patna, cinco rúpias e uns poucos pertences.

Tanto o padre Van Exem quanto o arcebispo Périer insistiram para que ela adquirisse habilidades médicas. A biógrafa de Madre Teresa, Kathryn Spink, relata que os dois temiam a possibilidade de ela provocar um escândalo caso cometesse algum equívoco. Após umas

Inspiração

poucas semanas de treinamento precário, Madre Teresa se declarou pronta para o trabalho. Talvez ela tenha se impacientado com o curso, mas pode ser também que estivesse ansiosa para testar seu ano de aprendizado em tarefas práticas. Como seus supervisores em Patna a apoiavam, o padre Van Exem e o arcebispo Périer autorizaram-lhe a volta para Calcutá. Madre Teresa estava com 38 anos.

Frases de Madre Teresa

Precisamos de silêncio para estar a sós com

Deus, para falar-lhe, para ouvi-lo,

para ponderar suas palavras do fundo do

coração. Precisamos ficar sozinhos com Deus em

silêncio para nos renovarmos e transformarmos.

O silêncio nos faculta uma visão nova da vida.

Nele, sorvemos a energia do próprio Deus, que

nos faz empreender todas as coisas com alegria.

Uma Nova Missão

Madre Teresa alojou-se primeiro numa casa carmelita na qual seguiam-se regras de pobreza similares às que ela própria desejava adotar para a nova ordem. Visitava favelas diariamente para cumprir suas tarefas. Ao que parece, tinha então uma idéia muito vaga de como seria o trabalho entre aqueles que se podiam considerar os mais pobres dos pobres. Como professora experiente, a primeira coisa que fez foi reunir à sua volta um grupo de crianças e começar a ensinar-lhes o alfabeto bengali. Não tinha material didático e, por isso, rabiscava suas lições na areia. Também ministrou às crianças lições de higiene junto a um poço próximo e de catecismo católico, embora muitas não fossem cristãs.

Madre Teresa era como sempre uma professora muito querida e as crianças faveladas pareciam gostar dela tanto quanto as mais ricas que freqüentavam Entally. Meninos e meninas procuravam-na em bandos e essa popularidade ajudou-a a conquistar a confiança dos moradores das favelas que, do contrário, suspeitariam de uma européia de outra religião. Felizmente, a Índia respeita muito as pessoas de quaisquer tradições religiosas que dediquem a vida a uma missão religiosa e os místicos são reverenciados, independentemente de credo ou nacionalidade. Madre Teresa, em sua condição de religiosa, era considerada digna do maior respeito.

Ela logo se viu às voltas com o tipo de situação médica que seus superiores temiam. Encontrou um homem com um dedo gangrenado: a amputação era necessária para ele conseguir sobreviver. Consciente disso, mas sem o devido preparo para realizar o procedimento, Madre Teresa pegou uma tesoura e cortou fora o dedo. O paciente desmaiou para um lado e ela para o outro.

Uma Nova Missão

Em certa ocasião, teve uma experiência que mudaria para sempre os rumos de seu trabalho. Deparou com uma mulher moribunda e tentou levá-la a um hospital. Os hospitais, porém, estavam repletos de pacientes amontoados pelos corredores, saguões e quartos. Numa área superlotada de gente enfraquecida pela fome e falta de cuidados médicos, era natural que a doença se alastrasse entre a população mais pobre. A política dos hospitais consistia em só aceitar pacientes com alguma chance de sobreviver. Neles não havia espaço para as pessoas morrerem.

Havia quem tentasse amenizar a situação. Várias organizações humanitárias, inclusive protestantes e católicas, faziam o que podiam, mas o problema estava fora de controle. Havia dois milhões de refugiados na cidade e, embora o governo tivesse montado ambulatórios e distribuísse sopa, não conseguia atender a todas as necessidades dos pobres. Os funcionários britânicos, ao partir, tinham deixado seus inexperientes substitutos indianos numa situação incontornável. Enquanto o resto do mundo se recuperava dos efeitos da guerra, a Índia se via obrigada a enfrentar o problema sozinha.

O PEQUENO LIVRO DE MADRE TERESA

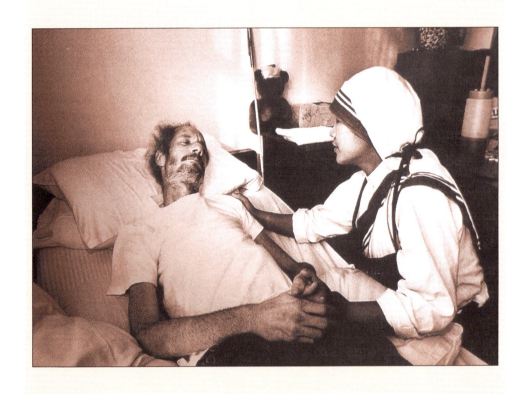

Frases de Madre Teresa

Palavras afetuosas podem ser curtas e fáceis de

dizer, mas seu eco não silencia nunca.

A Ordem

Nessa época, algumas das ex-alunas de Madre Teresa estavam ansiosas por juntar-se a ela. Madre Teresa gastou muito tempo à procura de um espaço onde pudessem viver juntas até a Igreja decidir se aprovaria ou não a nova ordem. Um católico, Michael Gomes, finalmente ofereceu-lhe os dois andares superiores de sua casa, depois de ali providenciar os devidos reparos. Ele tinha dois irmãos que haviam se mudado para o Paquistão a fim de ajudar os cristãos locais, de modo que aquele espaço não estava sendo usado. O sr. Gomes morava com a família no térreo, o que garantia certa proteção e privacidade às mulheres em cima.

A princípio, Madre Teresa foi morar sozinha na casa, até que as obras no andar superior fossem concluídas. Trabalhava nas favelas até as cinco ou seis horas da tarde e depois voltava à residência dos Gomes para dedicar-se às orações e escrever. Um dos postulados da nova ordem era que as irmãs deviam confiar na Providência Divina para seu sustento tanto em casa quanto no trabalho. Madre Teresa sustentava a si própria e a seu trabalho com esmolas, mas nem sempre tinha o bastante para alimentar-se. Às vezes, rabiscava

bilhetinhos ao sr. Gomes: "Sr. Gomes, não tenho nada para comer. Por favor, arranje-me alguma coisa."

Terminadas as obras na casa, uma das ex-alunas de Madre Teresa lá se instalou também. Recebeu o título religioso de irmã Agnes, pois esse era o nome de batismo de Madre Teresa. Logo apareceram outras jovens que acompanhavam Madre Teresa às favelas todos os dias e também pediam de porta em porta. Os moradores da região tinham muito pouco, mas sempre se dispunham a dar alguma coisa para ajudar o próximo.

O balanço do ano de trabalho de Madre Teresa foi considerado positivo e, a 7 de outubro de 1950, a Ordem das Missionárias da Caridade era oficialmente estabelecida, tendo Madre Teresa como priora. Ela agora precisava encontrar uma sede para a nova ordem. Um muçulmano, de partida para o Paquistão, pusera sua casa à venda; e o padre encarregado de empreender o negócio em nome de Madre Teresa convenceu-o a vender a propriedade por um valor menor que o do terreno. O muçulmano fez isso porque o local seria usado para finalidades religiosas. (O Islã considera o Cristianismo uma das religiões do Livro e a caridade é um dos cinco pilares do Islã.

Embora este nunca tenha estimulado o monaquismo, um grupo de religiosas dedicadas aos pobres era algo que aquele cavalheiro bem podia apreciar.)

Madre Teresa insistia: "Nossa pobreza extrema é nossa salvaguarda." E mais: "Não queremos repetir o que as outras organizações religiosas fizeram ao longo da história, começando por servir aos pobres só para acabar, inconscientemente, servindo aos ricos. A fim de compreender e ajudar os que nada têm, precisamos viver como eles." De início, planejara para si e as outras irmãs da ordem uma dieta semelhante à dos mais pobres: arroz e sal. Mas quando se encontrava na missão médica em Patna, as irmãs que ali serviam fizeram-na desistir da idéia. Disseram que recomendar semelhante dieta seria um pecado e que com ela as mulheres não conseguiriam fazer o trabalho pesado: sucumbiriam às mesmas doenças que flagelavam a comunidade carente. Madre Teresa curvou-se à voz da experiência e consentiu numa dieta mais balanceada.

As irmãs da nova ordem levantavam-se às 4:30h da manhã (4:15h aos domingos), punham o véu, lavavam o rosto com água fria num tanque e limpavam os dentes com a cinza do forno da co-

A Ordem

zinha. Tomavam banho e lavavam a roupa também com água fria, numa tina que era um de seus poucos pertences. Cada uma tinha seu pedacinho de sabão para tomar banho e lavar as roupas.

Tomar banho e lavar roupa numa tina era coisa das mais comuns na época até para indianos de classe média. Ainda, por muitos anos, o banheiro da maioria deles seria um quartinho de tijolos ou

cimento com uma torneira de água fria numa parede e um piso inclinado na direção do ralo. A pessoa enchia a tina e usava uma concha ou caneca para se banhar. As roupas da família, muitas vezes, eram também lavadas naquele quartinho. Os mais pobres recorriam aos tanques, às torneiras de lugares públicos ou aos rios para se banhar.

Após a higiene matinal, as irmãs se reuniam para rezar e meditar. Em seguida, iam à missa.

Antes do desjejum, deviam beber um copo de água. À mesa, ingeriam leite e cinco chapattis com ghee (manteiga clarificada), quer estivessem com fome ou não, tomando em seguida uma pílula de vitamina. Essas exigências dietéticas eram consideradas parte da disciplina.

Às 7:45h, saíam para o trabalho junto aos pobres e voltavam à sede ao meio-dia, para o almoço. Rezavam e tomavam uma refeição que consistia de cinco conchas de sopa de trigo e três nacos de carne, quando havia.

Ao almoço seguiam-se as tarefas domésticas e meia hora de descanso. Reuniam-se então para o chá com dois chapattis secos e depois, pelo prazo de meia a uma hora, entregavam-se à leitura espiritual ou ouviam preleções de Madre Teresa. Na época, a maioria das irmãs eram jovens indianas, muitas delas de lares não-cristãos, que haviam recebido quase toda a sua instrução religiosa de Madre Teresa e dos padres que ela convidava para doutriná-las.

Depois dessa instrução, as irmãs saíam de novo para mais três ou quatro horas de trabalho adicional e voltavam às seis da tarde. Reuniam-se para a prece e a adoração do sacramento e logo após sentavam-se para um jantar composto de arroz, dhal e legumes, acompanhado por dez minutos de leitura espiritual em voz alta.

Durante o dia inteiro não falavam umas com as outras nem com ninguém, exceto sobre assuntos importantes. Caminhando pela rua, desfiavam os rosários. Essa atitude, em verdade, intrigava algumas pessoas que se supunham assim ignoradas pelas irmãs, tendo Madre Teresa que insistir para que dessem mais atenção aos outros e mostrar-se amáveis mesmo enquanto desfiavam os rosários. O único momento em que as irmãs se viam liberadas dessa exigência era no intervalo entre o fim do jantar e a hora de ir para a cama. Elas o aproveitavam para remendar suas roupas e lençóis ou para se descontrair um pouco.

No início tudo era difícil porque a ordem, ainda pouco conhecida, nem sempre recebia apoio suficiente. Quando faltava lenha para cozinhar, elas comiam trigo cru, deixado de molho de véspera. A despeito dessas dificuldades, ou talvez por causa delas, o grupo era coeso e enfrentava os desafios como novas aventuras.

Aos domingos as irmãs percorriam longas distâncias recolhendo crianças para levá-las à missa ou à escola dominical. Às quintas-feiras descansavam de todo trabalho externo e o arcebispo

Périer aconselhava Madre Teresa a convidá-las para um piquenique nos jardins da casa de um médico da vizinhança.

Embora Madre Teresa obviamente desejasse que sua ordem vivesse como os mais pobres, estava também claro que não as queria morando entre eles. Isso criaria mais tarde desavenças filosóficas com outros grupos que prestavam ajuda humanitária. Na visão de Madre Teresa, o mais importante para as irmãs era o fato de serem irmãs. A vida delas deveria concentrar-se nisso. Cumpria que, à tardinha, se recolhessem a um local onde pudessem rezar e meditar, preparando-se assim para sair de novo a campo no dia seguinte.

Madre Teresa exigia que as irmãs falassem somente inglês entre si, embora a maioria fosse de origem indiana e algumas não soubessem aquela língua. A razão alegada era a necessidade de um idioma comum, não bastasse o fato de quase todo o material religioso ali disponível ser em inglês. Nos primeiros anos, Madre Teresa encontrou tempo para instruir as jovens que haviam deixado Entally sem terminar o curso para o exame final e determinou que uma fosse estudar medicina.

A Ordem

Embora Madre Teresa fosse inquestionavelmente a superiora da ordem e exercesse o cargo com inteira liberdade, não deixava de se juntar às irmãs no trabalho duro e jamais recusou a tarefa mais humilde, como a de limpar banheiros. Ficava acordada à noite até mais tarde que as companheiras a fim de concluir seus trabalhos e, embora houvesse entre elas uma competição para chegar mais cedo que a superiora à capela de manhã, poucas obtiveram sucesso.

O PEQUENO LIVRO DE MADRE TERESA

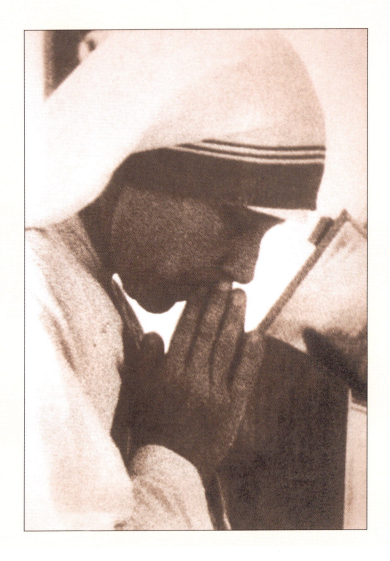

Frases de Madre Teresa

Precisamos encontrar Deus e Deus não pode ser encontrado em meio ao rumor e à inquietude. Deus é amigo do silêncio. Vede como a natureza – árvores, flores, relva – cresce sem estardalhaço. Olhai as estrelas, a Lua e o Sol: eles se movem sem ruído... O silêncio é necessário para tocarmos as almas.

Serviço em Calcutá

Depois que inúmeras jovens foram juntar-se a ela, Madre Teresa se considerou pronta para a obra que sabia ser necessária no serviço às comunidades pobres. Já constatara que os desamparados doentes não tinham para onde ir. Em 1952, a situação veio a público. Moradores de Calcutá encontraram um menino deitado na sarjeta e chamaram a ambulância. Levado ao hospital, recusaram-lhe entrada por se tratar de um caso terminal e a ambulância o conduziu de volta à sarjeta, onde morreu. Os moradores sentiram-se ultrajados e provocaram um escândalo na imprensa.

Madre Teresa, sempre de olho em novas oportunidades, dirigiu-se à prefeitura e explicou aos governantes que ela e suas irmãs cuidariam dos moribundos se o município lhes reservasse um espaço para trabalhar. Tratariam apenas das pessoas que os hospitais recusassem. As autoridades aceitaram-lhe a ajuda, pois se tratava de um problema obviamente muito grave, e deram às Missionárias da Caridade dois quartos num edifício chamado Kalighat. O prédio era uma combinação de templo à deusa Kali e crematório onde se queimavam os corpos dos hindus cujas famílias podiam pagar pela lenha. A cremação é o ritual fúnebre típico da cultura hindu.

Madre Teresa e suas companheiras percorriam as favelas em busca de pessoas que estivessem à beira morte e levavam-nas para Kalighat. Às vezes, precisavam transportá-las em carrinhos de mão numa viagem, sem dúvida, extremamente penosa para muitos. Já no centro, que recebeu o nome de Nirmal Hriday, "Sede do Imaculado Coração" numa referência ao Imaculado Coração de Maria, os pacientes eram banhados e colocados numa esteira ou rede. Recebiam alguns cuidados médicos, como remoção de vermes das feridas, e alimento. Madre Teresa instruiu suas irmãs a tratar o corpo de cada doente como se fosse o corpo de Cristo.

A decisão do município de permitir que religiosas católicas trabalhassem num templo hindu provocou controvérsias. Muitas pessoas acharam que não era correto manter um centro católico num santuário de Kali e outras temiam que as irmãs se aproveitassem da fraqueza dos enfermos para convertê-los ao cristianismo. Madre Teresa enfatizava que só acreditava na conversão pelo amor, nunca pela coerção. Isso, aparentemente, não tranqüilizava muito a maioria das pessoas e a controvérsia prosseguiu. Algumas chegaram ao ponto de atirar pedras nas irmãs que chegavam trazendo enfermos para o templo. Os protestos

Serviço em Calcutá

O PEQUENO LIVRO DE MADRE TERESA

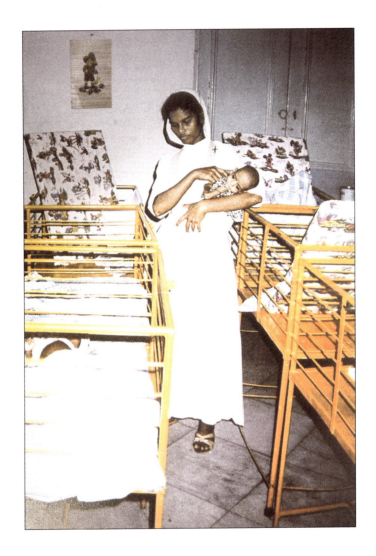

Serviço em Calcutá

diminuíram consideravelmente depois que Madre Teresa encontrou o sacerdote de um templo vizinho caído na rua. Os relatos divergem; afirmam alguns que ele contraíra cólera, outros tuberculose. Havia a preocupação do contágio e ninguém queria tocá-lo. O sacerdote permaneceu sob cuidados em Nirmal Hriday até morrer.

O próximo projeto de porte das Missionárias da Caridade era o de inaugurar o primeiro Shishu Bhavan, ou lar das crianças. O primeiro foi aberto em 23 de setembro de 1955 graças ao apoio e assistência do dr. B. C. Roy, médico que exercera durante muitos anos a função de ministro-chefe de Bengala Ocidental. A casa aceitava crianças de qualquer idade.

As doentes eram tratadas e as mais velhas recebiam alguma educação ou treinamento profissional. Por exemplo, as meninas mais velhas aprendiam datilografia. Com o tempo, o programa se expandiu e as crianças foram mandadas para a escola. A Índia não dispõe de um sistema de educação pública gratuita, de modo que os alunos precisam pagar mensalidade. Madre Teresa elaborou um programa por meio do qual as pessoas poderiam patrocinar crianças financiando-lhes a escola. Esse programa se tornou tão popular que,

em 1975, já não era possível manter os patrocinadores pessoalmente informados do progresso de seus afilhados e as contribuições tinham de ir para um Fundo Internacional do Bem-estar das Crianças.

Quando as crianças cresciam e estavam prontas para partir, as irmãs arranjavam casamento para as moças que assim o desejavam, fazendo o papel de pais na tradicional sociedade indiana. Após a cerimônia havia uma recepção simples no Shishu Bhavan.

O PEQUENO LIVRO DE MADRE TERESA

Serviço em Calcutá

Os lares de crianças desempenharam um papel de destaque na ativa campanha de Madre Teresa contra o aborto. Ela recorreu a uma ampla publicidade para fazer com que as pessoas vissem que, caso não quisessem ou não pudessem criar os filhos, o Shishu Bhavan se encarregaria deles.

A certa altura as relações entre Madre Teresa e a primeira-ministra Indira Gandhi ficaram um tanto tensas. Indira se preocupava muito com a superpopulação e os resultantes problemas de congestionamento humano, poluição e epidemias. Uma vez que os cuidados médicos eram precários em boa parte da Índia e considerando-se que o povo era pela maioria iletrado ou incapaz de seguir as instruções de uso de outras formas de controle de natalidade, o governo instituíra um programa de esterilização voluntária para quem já tivesse filhos.

Dado que a doutrina católica se opõe tanto ao controle da natalidade quanto ao aborto, Madre Teresa condenou o programa e tentou convencer Indira Gandhi a cancelá-lo. Não conseguiu, mas declarou ao público que incentivava as mulheres de Calcutá a ter tantos filhos quantos quisessem. Também treinou suas companheiras no sistema de controle aprovado pela Igreja, que consiste em contar os dias a partir da ovulação (às vezes chamado de método rítmico). Elas deveriam ensiná-lo às mulheres com quem trabalhavam. Essas mulheres receberam colares de contas para facilitar o cálculo, pois muitas nem sequer sabiam fazê-lo de cabeça. As irmãs narram uma história que ilustra bem como era difícil ensinar um sistema tão complicado. Uma senhora apareceu no centro, grávida e muito perturbada. Disse: "Não sei o que aconteceu. Coloquei o rosário que me deram na estátua de Kali e, no entanto, engravidei de novo!"

Em seguida, as missionárias atacaram o problema da lepra, uma doença cercada de medo e incompreensão. É menos contagiosa do que se pensa e muitas formas são perfeitamente tratáveis. Os danos causados a mãos e pés, bem como a perda de tecidos, se devem a ferimentos que ocorrem quando se perde a sensibilidade dos membros. Em conseqüência do medo provocado pela doença, as pessoas afetadas tornavam-se párias ainda que proviessem de famílias distintas.

As missionárias da caridade instalaram uma colônia de leprosos nos arredores da cidade, mas o terreno não era delas e a

prefeitura tinha a intenção construir nesse local edifícios de moradia, cuja necessidade julgava mais urgente. A ordem iniciou uma campanha para levantar fundos com o lema: "Toque um leproso com sua compaixão." Depois de receber a doação de uma ambulância, puderam dispor de um leprosário móvel para os doentes que não estivessem instalados na colônia. Por fim, conseguiram montar um dispensário permanente em 1959, que começou com 1.136 enfermos, apenas uma parcela dos trinta mil que se sabia existentes em Calcutá.

Os leprosos aprenderam a confeccionar sapatos com retalhos de espuma de borracha e tiras de pneus velhos, que os protegeriam de ferimentos. Aprenderam também a tecer, e muitos faziam suas próprias bandagens e roupas.

Em 1964, o governo indiano doou 34 acres de terra para um leprosário que passou a ser chamado de Shanti Nagar, "o lugar da paz". No mesmo ano, o papa Paulo VI visitou a Índia e usou um Lincoln Continental em suas andanças pelo país. Ao partir, doou o carro a Madre Teresa. A ocasião era perfeita: ela rifou o veículo e investiu o dinheiro no novo estabelecimento.

O objetivo deste era tornar os internos auto-suficientes. Lagoas com peixes foram construídas, plantaram-se bananeiras e palmeiras

Serviço em Calcutá

Serviço em Calcutá

para assegurar o alimento. A comunidade também criava gado, cultivava arroz e gergelim. Administravam seu próprio armazém, teciam cestos e construíam suas próprias cabanas. As colônias de leprosos se dedicaram mais tarde à tecelagem industrial.

Os recursos para o projeto eram sempre escassos, particularmente as habilidades cirúrgicas para amputar carne gangrenada. Com o tempo, os amputados passaram a receber próteses.

Por sua intransigência, Madre Teresa provocou controvérsias em torno da questão do controle de natalidade e esterilização de mulheres leprosas que, às vezes, transmitiam a doença aos filhos. Madre Teresa se opunha enfaticamente a que essas mulheres fossem proibidas de conceber, dizendo que seus filhos lhes davam alegria.

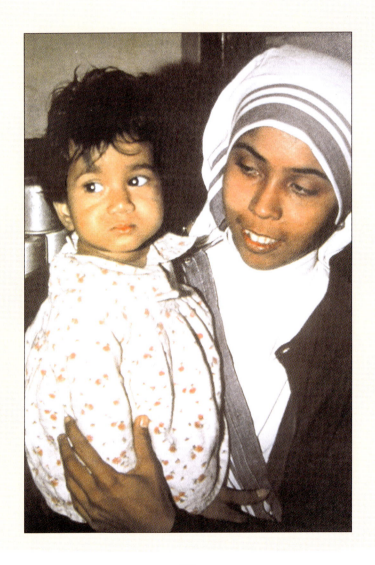

Frases de Madre Teresa

Há muito amor em nós, mas com freqüência

somos muito tímidos para expressá-lo e o

mantemos fechado em nosso íntimo. Devemos

aprender a amar, a amar ainda que isso magoe.

Então aprenderemos a aceitar o amor.

O PEQUENO LIVRO DE MADRE TERESA

Fora de Calcutá

A Igreja determina que as novas ordens não podem estabelecer casas fora de sua diocese original por dez anos. No caso das Missionárias da Caridade abriu-se uma exceção: poderiam fazê-lo depois de nove anos. Elas foram convidadas para abrir casas em outras regiões da Índia, inclusive Ranchi, Bombaim (hoje Mumbai), Délhi e Shansi.

Em Délhi, a ordem inaugurou mais um lar para as crianças e, em Bombaim, deparando com favelas mais miseráveis ainda que as de Calcutá, abriu um asilo para os moribundos.

Em 1960, Madre Teresa viajou para Roma a fim de solicitar ao papa João XXIII um reconhecimento especial para as Missionárias da Caridade. Encontrou-se também com seu irmão Lazar, que não via desde 1924. Quando foi falar com o papa, perdeu a coragem e não pediu o reconhecimento para a ordem. Pediu apenas sua bênção. O cardeal Agaginian, da Sagrada Congregação da Fé, obteve o reconhecimento para ela. Isso significava que agora a instituição gozava da aprovação papal e nenhuma mudança em suas regras poderia ser feita sem o consentimento do Sumo Pontífice.

Fora de Calcutá

A obra continuou a se expandir na Índia. Clínicas para tuberculosos, ambulatórios pré-natais, dispensários, leprosários móveis, abrigos para os sem-teto e asilos para os moribundos se multiplicaram. As irmãs também davam aulas de enfermagem, abriam escolas primárias e secundárias, implantavam cursos de práticas comerciais, programas de alimentação e de prevenção de acidentes. Como a ordem era pequena, tais programas só podiam ser limitados, mas as irmãs faziam o possível. Quando um ciclone varreu Andhra Pradesh em 1977, provocando grandes inundações e a perda de milhares de vidas, dez Missionárias da Caridade juntaram-se à Cruz Vermelha, à Christian Aid e outras instituições assistenciais na tarefa de aliviar o sofrimento dos flagelados.

O PEQUENO LIVRO DE MADRE TERESA

Frases de Madre Teresa

Você pode fazer o que eu não posso.

Eu posso fazer o que você não pode.

Juntos, podemos fazer algo de muito belo para Deus.

Fora da Índia

Em 1965, as Missionárias da Caridade foram convidadas a instalar sua primeira casa fora da Índia, na Venezuela. A situação nesse país era grave, pois faltavam sacerdotes e freiras para dar assistência à vasta população católica. Madre Teresa receava que a nova ordem não estivesse ainda preparada para ampliar-se. Temia que o espírito da instituição se diluísse caso crescesse depressa demais.

O arcebispo Knox, internúncio papal em Nova Délhi, encontrou-se com ela em Roma e recomendou-lhe atentar para as necessidades da Igreja antes de considerar as da ordem. Madre Teresa obedeceu e concordou em estabelecer a casa na Venezuela. Essa decisão haveria de afetar profundamente não apenas a obra das Missionárias da Caridade, mas também a vida da própria Madre Teresa. A nova casa foi instalada num presbitério vazio em Cocorote, Venezuela. Ali, as irmãs ensinavam corte e costura, datilografia e inglês, além de visitar os doentes.

Era apenas o começo da expansão da ordem e, poucos anos depois do estabelecimento da primeira casa fora da Índia, Madre

Teresa começou a passar muito mais tempo visitando as outras casas pelo mundo afora, sempre examinando locais possíveis para novas instalações. Encarregou a irmã Agnes de substituí-la em Calcutá e aconselhou as irmãs a verem Deus em suas superioras que, por sua vez, deveriam servir em vez de ser servidas. Em 1970, Madre Teresa descentralizou as casas das Missionárias da Caridade na Índia em cinco áreas a cargo de superioras regionais. Agora estava livre da tarefa de administrar a ordem na Índia, podendo concentrar-se nas questões internacionais.

O próximo convite foi para fundar, em Roma, uma casa para dar assistência aos pobres. Era uma grande honra, pois já havia 22.000 freiras de 1.200 diferentes ordens na cidade. Madre Teresa encontrou, por fim, o local adequado num bairro pobre. Segundo seus biógrafos, ela estava muito feliz porque aquela seria provavelmente a casa das Missionárias da Caridade mais pobre que já fundara. As irmãs trabalhavam principalmente com imigrantes da Sicília e da Sardenha.

Depois disso, choveram convites de todas as partes do mundo. Novas casas surgiram na África, Oriente Médio, América do Sul, Europa ocidental e oriental, Grã-Bretanha, Irlanda, Austrália, Nepal, Haiti, Porto Rico, Sri Lanka, Papua-Nova Guiné, Japão e Estados Unidos. As irmãs lidavam com os pobres, os desabrigados, os pacientes de AIDS e as vítimas de flagelos naturais ou da guerra.

A ordem continuou relativamente pequena e cada casa só tinha umas poucas irmãs. Quando alguém chamou a atenção de Madre Teresa para o fato de que os esforços das Missionárias da Caridade eram apenas uma gota no oceano, ela replicou: "Não penso assim. Nunca somo. Apenas subtraio do número total dos pobres e moribundos."

Em visita a uma casa das Missionárias da Caridade na Inglaterra, Madre Teresa afirmou estar perplexa com a miséria moral das sociedades materialmente ricas – pobreza de espírito, solidão, pessoas rejeitadas. Afirmou que se é pobre não porque Deus assim o quis, mas porque "vocês e eu não partilhamos o suficiente".

Em suas viagens para as diversas casas das Missionárias da Caridade, Madre Teresa procurava preservar o espírito da ordem, que temia ver desaparecer se as casas perdessem contato entre si. Tinha alguns princípios que as irmãs deveriam seguir. Por exemplo, não podiam gastar dinheiro desnecessariamente, como em postagem de cartas pessoais. As doações não deviam ser usadas sem critério porque os doadores haviam se sacrificado para fazê-las. Suprimentos médicos e alimentos deviam ser distribuídos antes de se deteriorar.

A fim de preservar o espírito da ordem, Madre Teresa pedia aos sacerdotes e outros que trabalhavam com a ordem para não interferirem nas questões de pobreza. Alguns padres, por exemplo, sugeriram que as irmãs tivessem cortinas em seu dormitório

Fora da Índia

comum, mas Madre Teresa declarou que, como os mais pobres não as tinham, elas também não teriam. Explicou que a maioria das irmãs provinha de ambientes indianos relativamente pobres e achava que seria inconveniente para elas melhorar seu padrão de vida ao entrar para a ordem.

Quando começaram a surgir casas no Ocidente mais próspero, artigos de luxo como tapetes e lavadoras foram também recusados. De fato, Madre Teresa se tornou manchete em San Francisco ao jogar pela janela tapetes e colchões que haviam sido doados às irmãs, quando lá foi para inaugurar um novo estabelecimento.

Madre Teresa insistia que a ordem não dispusesse de renda fixa. O cardeal Cooke, de Nova York, quis doar quinhentos dólares mensais para cada irmã que trabalhasse no Harlem, mas Madre Teresa lhe disse: "O senhor presume, Eminência, que Deus esteja

Fora da Índia

indo à falência em Nova York?" Desejava que as irmãs se confiassem à Providência Divina no dia-a-dia.

Por fim, criaram-se noviciados para a ordem em Manila e Roma. Após os votos, as irmãs regressavam à sede em Calcutá, onde eram festivamente acolhidas pelas bênçãos de Madre Teresa. Finda a recepção, a superiora estabelecia a cada uma sua tarefa e a nova irmã partia poucos dias depois, levando apenas alguns pertences num embrulho tosco. As irmãs não escolhiam as tarefas, mas iam para qualquer lugar onde fossem necessárias.

O PEQUENO LIVRO DE MADRE TERESA

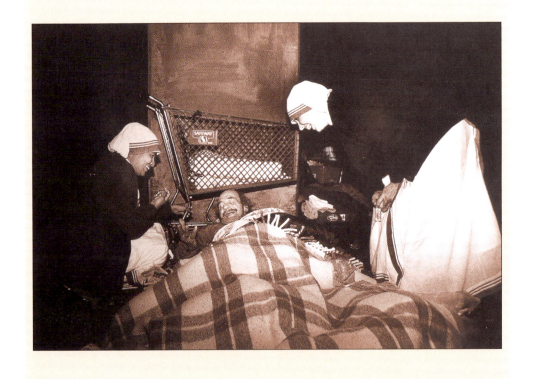

Frases de Madre Teresa

No fim da vida não seremos julgados pelos diplomas que recebemos, pelo dinheiro que acumulamos, pelas grandes façanhas que tenhamos empreendido. Seremos julgados por isto: "Eu estava faminto e me deste de comer. Estava nu e me vestiste. Estava ao relento e me acolheste." Fome não apenas de pão – mas também de amor. Nudez que carece não apenas de roupas – mas também de dignidade e respeito humano. Desamparo que precisa não apenas de uma casa de tijolos – mas também de hospitalidade.

O PEQUENO LIVRO DE MADRE TERESA

Cartas de Madre Teresa

A obra e as realizações de Madre Teresa passaram a ser vistas sob outra perspectiva após a divulgação, em 2003, das cartas que ela escreveu num período de cinqüenta anos a seus diretores espirituais. Nessas cartas, Madre Teresa às vezes declara sentir-se abandonada por Deus. Eis alguns excertos:

Tive aquela horrível sensação de perda, de Deus não me querer, de Deus não ser Deus, de Deus não existir.

Dizem que Deus vive em mim, mas a realidade da treva, do frio e do vazio é tão grande que nada toca minha alma.

Anseio por Deus com todas as forças de minha alma; todavia, entre nós, há uma terrível separação.

Os condenados sofrem no inferno punição eterna porque perderam Deus. Em minha alma, sinto também a dor lancinante dessa perda.

Há muitas contradições em minha alma. Anseio profundamente por Deus – tão profundamente que isso é penoso, um sofrimento contínuo – e, no entanto, sinto-me repelida por Deus, vazia, descrente, sem amor e sem zelo. As almas não se atraem. O céu nada significa – para mim, é apenas o vazio.

O padre das Missionárias da Caridade que divulgou as cartas defendeu sua decisão, embora Madre Teresa tivesse lhe pedido que as destruísse, dizendo que elas a tornavam mais humana. Ele acredita que as cartas fazem da gigantesca obra de Madre Teresa uma façanha ainda mais notável, porquanto empreendida a despeito de seus receios e sofrimentos.

A sucessora de Madre Teresa à frente das Missionárias da Caridade, irmã Nirmala, afirmou: "Isso faz parte da vida espiritual das pessoas. Deus às vezes quer que as almas se distanciem dele. Quer que se presumam repelidas. O próprio Cristo, na cruz, se sentiu abandonado." Os críticos rebatem sustentando que as cartas são inconsistentes com a imagem pública de Madre Teresa.

Cartas de Madre Teresa

Frases de Madre Teresa

Deus não exige que tenhamos êxito;

exige apenas que tentemos.

O PEQUENO LIVRO DE MADRE TERESA

Reveses

As coisas nem sempre deram certo para Madre Teresa e as Missionárias da Caridade. Elas passaram pelo mesmo tipo de desapontamentos, reveses e tragédias que quaisquer outros enfrentam. Madre Teresa teve uma decepção pessoal quando não conseguiu tirar a mãe e a irmã da Albânia, então sob o regime repressivo de Hoxha. Não as via desde que deixara a família, em

1924. Drana disse que seu maior desejo era encontrar de novo Madre Teresa e Lazar antes de morrer. Mas o governo negou a Drana e Aga permissão para irem à Itália, onde Lazar vivia. Isso causou muito sofrimento a Madre Teresa.

> Minha mãe e minha irmã estão ainda em Tirana. Só Deus sabe por que precisam sofrer tanto. Mas seus sacrifícios e preces me amparam em meu trabalho. Tudo é para a maior glória de Deus.

Madre Teresa pensou em ir à Albânia para encontrar a mãe, mas ponderaram-lhe que, embora seguramente a deixassem entrar, nunca a deixariam sair. Por causa de seu trabalho, ela desistiu do plano. Só em 12 de julho de 1972 recebeu um telegrama informando-a de que a mãe falecera na Albânia. Aga morreu também no ano seguinte e Lazar morreu de câncer em 1981.

A ordem padecia igualmente suas tragédias e desapontamentos. A casa que haviam instalado em Belfast foi fechada quando ficou claro que os irlandeses não desejavam sua ajuda. Muitas das irmãs eram indianas, algumas recém-convertidas ao cristianismo. Os irlandeses, com suas antiqüíssimas tradições católicas, não queriam saber de missionárias.

Em 1980, metade das vinte residentes de uma casa para mulheres desamparadas em Kilburn, Londres, mantida pelas Missionárias da Caridade, pereceu num incêndio juntamente com uma voluntária. O incêndio parece ter sido criminoso, mas o réu foi

posto em liberdade com o veredicto final: "Ato perpetrado, contrário à lei, por incendiário desconhecido."

As próprias irmãs padeceram tragédias. Uma médica homeopata que não se tratou de uma mordida de cachorro morreu de hidrofobia na Índia em 1966. Em 1986, duas irmãs se afogaram quando iam para um dispensário sob chuva torrencial. Madre Teresa escreveu em memória delas:

> O caso de nossas duas queridas irmãs que saíram para ajudar os pobres e enfermos, bem como sua recompensa, foi que coube a Jesus indenizar-lhes o esforço chamando-as para si. ... Quando o jardineiro se aproxima para colher flores, escolhe as mais belas. O mesmo faz Jesus conosco.

Outra tragédia rondou Madre Teresa naquele ano. Em visita a uma casa da ordem na Tanzânia, desceu de um pequeno avião. Este tentou levantar vôo de novo, enquanto ela e as pessoas que tinham vindo recebê-la permaneciam ao lado da pista. O avião perdeu o controle e foi na direção do grupo. Três crianças, a diretora do leprosário e uma irmã faleceram. Duas crianças ficaram feridas.

Em 1996, duas madres superiores da ordem morreram num acidente de carro em Nova York. Madre Teresa aceitou todas essas desilusões como a vontade de Deus. Muitas vezes, dizia aos internos das casas de moribundos: "Hoje é um bom dia para subir ao Céu."

O PEQUENO LIVRO DE MADRE TERESA

Frases de Madre Teresa

Sei que Deus jamais me dará nada que eu não possa suportar.

Só gostaria que ele não confiasse tanto em mim.

Os Irmãos

As irmãs das Missionárias da Caridade são mais conhecidas, mas foi também criada uma ordem de irmãos. Uma união pia de Missionários da Caridade nasceu sob a autoridade do episcopado indiano em 1963. O Vaticano só deu sua permissão para o estabelecimento da nova ordem quando Madre Teresa encontrou um homem capaz de liderá-la, pois a Igreja Católica não permite que mulheres dirijam uma congregação religiosa masculina.

O problema foi solucionado em 1963: um jesuíta australiano, Ian Travers-Ball, mostrou interesse pela nova ordem. Havia, na época, doze moços na união pia e o padre Travers-Ball deixou os jesuítas para juntar-se a eles, tornando-se o irmão Andrew. O irmão Andrew reviu a constituição que Madre Teresa redigira para as irmãs à luz do Concílio Vaticano II. Os irmãos vestiriam calças e camisas simples, como as pessoas pobres no mundo inteiro. Um crucifixo atestaria seu compromisso religioso, sem mais nada que os distinguisse das pessoas à sua volta.

A princípio, os irmãos trabalharam com as irmãs na Índia, mas depois definiram seus próprios projetos e se afastaram delas.

Madre Teresa exigia que as irmãs só dormissem e comessem em conventos, mas o irmão Andrew permitiu que seus companheiros se abrigassem no mesmo local onde prestavam serviços às pessoas e comessem com os visitantes. Ambos os grupos, no entanto, encaravam com a mesma seriedade os quatro pontos essenciais: seriedade na prece, amor pelos pobres, simplicidade de hábitos e vida comunitária.

Em 1970, os irmãos inauguraram uma casa no submundo de Saigon, onde davam abrigo e educação a trinta indigentes. Trabalharam ali até 1975, quando o novo governo requisitou o edifício. Em 1974, Madre Teresa transferiu para os irmãos o leprosário Nivas, em Titlagarth, onde poderiam estabelecer uma comunidade auto-suficiente. Em 1975, os irmãos fundaram outro centro numa área degradada de Los Angeles. Visitavam e cuidavam dos velhos, doentes, alcoólatras e alienados.

Em 1978, Madre Teresa fundou uma ordem paralela de irmãos contemplativos a fim de complementar o ramo contemplativo de irmãs que estava organizando. Não consultou o irmão Andrew para isso, o que causou certo mal-estar, pois ele não

O PEQUENO LIVRO DE MADRE TERESA

aprovava o distanciamento dos pobres. Treze anos depois, o irmão Andrew disse que Madre Teresa fizera a coisa certa, embora ainda pensasse que ela deveria tê-lo inteirado da decisão.

O irmão Andrew afastou-se da direção dos Missionários da Caridade em 1986, após 21 anos como servidor-geral. Aproximadamente um ano depois, retirou-se da ordem quando o novo diretor insistiu para que ele se tratasse do alcoolismo. Admitia beber mais que o aceitável, mas declarou que se concordasse com o tratamento não seria sincero consigo mesmo – e sinceridade consigo mesmo era o que ele entendia por ser irmão. Madre Teresa não se envolveu nessa disputa.

O PEQUENO LIVRO DE MADRE TERESA

Frases de Madre Teresa

Se você julgar as pessoas, não terá tempo de amá-las.

O PEQUENO LIVRO DE MADRE TERESA

Reconhecimento

O reconhecimento universal da obra de Madre Teresa e das Missionárias da Caridade começou realmente, em 1977, com a publicação do livro de Malcolm Muggridge, *Something Beautiful for God*. Muggridge era um escritor, conferencista e radialista inglês que vivera em Calcutá na década de 1930, durante o domínio britânico do Raj. Lembrava-se de que os ingleses falavam muito sobre os problemas dos pobres na cidade, mas pouco faziam a respeito. Ficou comovido e emocionado com o trabalho de Madre Teresa.

O reconhecimento, na própria Índia, não tardou tanto. Em 1962, Madre Teresa recebeu o prestigioso prêmio Padma Shri, a segunda honraria mais importante do país. Em 1976, o Vaticano concedeu-lhe o primeiro Prêmio da Paz João XXIII. Uma recompensa ainda mais brilhante por seus esforços foi o Prêmio Nobel da Paz em 1979. Os encarregados da premiação assim se pronunciaram:

> Aos olhos do Comitê Norueguês do Nobel, esforços construtivos para erradicar a fome e a pobreza, garantindo à humanidade um mundo melhor e mais seguro onde se desenvolver, serão inspirados pelo espírito de Madre Teresa, que é o do respeito ao valor e à dignidade de cada ser humano.

O PEQUENO LIVRO DE MADRE TERESA

Reconhecimento

Em 1983, ela recebeu a medalha da Ordem Honorária do Mérito da rainha Elizabeth e tornou-se, mais tarde, cidadã honorária dos Estados Unidos em reconhecimento ao seu trabalho.

Além dos prêmios, Madre Teresa posou ao lado de gente famosa, da princesa Diana a vários presidentes americanos. Logo superou a timidez que a impedira de falar ao papa em 1960 e tornou-se uma oradora experiente.

Frases de Madre Teresa

O fruto do silêncio é a prece.

O fruto da prece é a fé.

O fruto da fé é o amor.

O fruto do amor é o serviço.

O fruto do serviço é a paz.

Controvérsia

Talvez fosse inevitável que esse tipo de fama e aclamação provocasse também alguma controvérsia. Devia-se esperar isso, sobretudo, no caso de uma pessoa que, como Madre Teresa, sempre se mostrou intransigente em questões polêmicas. Ela achava que a fama adquirida devia ser usada para divulgar seus pontos de vista, em especial sua postura contra o aborto.

Além de muito franca, Madre Teresa era católica das mais conservadoras. Embora obedecesse sempre às decisões do Concílio Vaticano II, nunca aprovou padres que não se paramentavam para a missa nem freiras ou sacerdotes que vestiam roupas comuns. (O sari das Missionárias da Caridade é considerado uniforme e não hábito.) Madre Teresa pensava que a Igreja moderna tendia a negligenciar a Virgem Maria e opôs-se veementemente a quaisquer polêmicas ou críticas com respeito às decisões do papa, inclusive regras sobre controle de natalidade e aborto.

Um de seus biógrafos autorizados disse dela: "Na histórica disputa entre Galileu e a Igreja, Madre Teresa teria tomado o partido desta última, o da fé obediente contra o progresso radical baseado em provas racionais."

Madre Teresa diferia dos católicos liberais pelo fato de condenar tão firmemente o controle de natalidade quanto o aborto – aborto mesmo em casos de estupro, risco para a vida da mãe e deformidade grave do feto. O papa João Paulo II tinha esses mesmos pontos de vista, que ela não se cansava de divulgar. Num café da manhã com o presidente Clinton, Madre Teresa afirmou: "Como um lápis nas mãos de Deus, sei do que Deus gosta e não gosta. Deus não gosta de contraceptivos e abortos." Os presentes, ou se sentiram ultrajados ante sua presunção em falar por Deus, ou gabaram sua coragem em pronunciar-se assim mesmo sabendo que a família Clinton e muitos americanos não concordavam com sua postura.

Essas atitudes conservadoras puseram Madre Teresa em conflito com mulheres de dentro e de fora da Igreja. Em 1975, ela compareceu a uma Conferência Anual das Mulheres na Cidade do México e advogou os tradicionais papéis femininos. Achava que lugar de mulher é em casa e via isso em termos de amor:

> O amor começa no lar. Se uma mulher cumpre seu papel no lar, a paz que ali reina reinará no mundo. Há na mulher algo de que o homem não pode se apropriar: o poder de gerar, amar os

Controvérsia

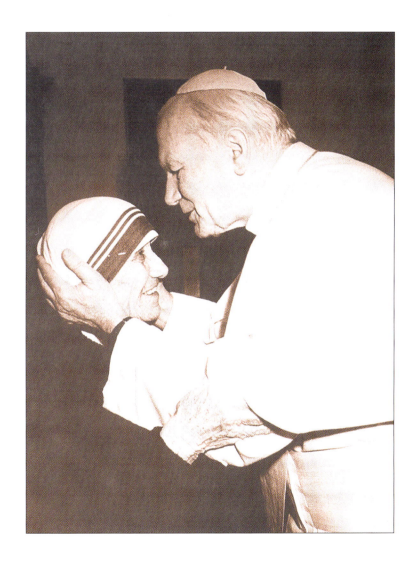

129

semelhantes e não a si mesmas. ... O amor da mulher comum sustenta o mundo.

Madre Teresa também se opunha vigorosamente à idéia de mulheres no sacerdócio. Afirmava que, se a Virgem Maria não fora ordenada, nenhuma mulher poderia sê-lo. "Nossa Senhora teria sido a melhor sacerdotisa, mas preferiu ficar no seu lugar." Madre Teresa irritou algumas freiras nos Estados Unidos com uma carta a John Quinn, arcebispo de San Francisco, que acabou na imprensa. Nessa carta, ela pedia ao arcebispo que convencesse as religiosas americanas a serem mais obedientes ao papa.

Embora algumas freiras respondessem com indignação, outras se sentiram motivadas. Cinco irmãs enclausuradas de um convento carmelita pediram a Madre Teresa que as ajudasse a impedir mudanças no local. Não queriam por ali aparelhos de TV, música, jornais ou doces.

A controvérsia que mais causou fúria foi provocada por um programa da televisão inglesa chamado *Hell's Angel*, exibido em novembro de 1994. Ele criticava com ironia Madre Teresa e sua obra pela voz do narrador, o jornalista britânico Christopher Hitchens, cuja base era em Washington. Hitchens censurava a posição de Madre

Teresa frente ao aborto, sua maneira de empregar o dinheiro, sua pretensa hipocrisia pessoal, o tratamento médico duvidoso ministrado em suas casas e suas relações amigáveis com o ditador haitiano François Duvalier, o "Baby Doc".

O programa causou revolta e duzentos telefonemas, a maioria contrários ao programa, choveram no estúdio. Um pequeno grupo de telespectadores foi se queixar à Independent Television Commission, falando em restabelecer a censura. A comissão respondeu que não poderia impedir a crítica, por mais popular que fosse o alvo dessa crítica.

Madre Teresa perguntou aos amigos: "Por que eles fizeram isso?" Perdoou publicamente os responsáveis – e, de um modo geral, o programa resultou mais favorável que prejudicial a Madre Teresa.

No mesmo ano, uma crítica mais moderada provocou uma preocupação maior. O dr. Robin Fox, escrevendo para o conceituado jornal médico *Lancet*, queixou-se da precariedade dos cuidados ministrados aos moribundos nas casas da ordem em Calcutá. Denunciou que agulhas descartáveis eram reutilizadas sem esterilização e que pacientes com dores violentas recebiam analgésicos

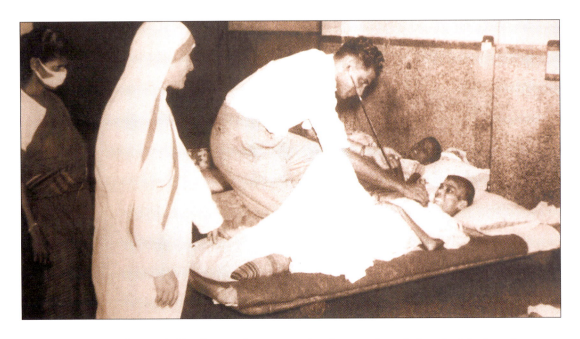

inadequados. Clifford Longley, respeitado escritor leigo britânico de temas religiosos e correspondente do *The Times*, de Londres, redigiu um artigo advertindo para o risco de o respeito aos moribundos transformar o sofrimento em objetivo.

Em 1995, um periódico irlandês denunciou que dois bebês enviados de Bangladesh para adoção pelas Missionárias da Caridade haviam sido entregues a famílias inexistentes. Houve grande preo-

Controvérsia

cupação, mas muitos concluíram que o bom trabalho da ordem desculpava os possíveis equívocos.

Os defensores de Madre Teresa não negam as controvérsias em torno dos cuidados médicos, mas tentam justificar seus pontos de vista. Sua biógrafa autorizada, Kathryn Spink, disse:

> Alguns médicos e enfermeiras que iam trabalhar ali (Nirmal Hriday) como voluntários ficavam horrorizados ante o não cumprimento das regras mais básicas de higiene que protegeriam as irmãs de serem infectadas e os "pacientes" de se contaminarem uns aos outros. As Missionárias da Caridade não podiam usar luvas para tocar os corpos infestados de vermes dos moribundos nem ficar longe dos leprosos, pois estavam cuidando do corpo de Cristo. ... O mesmo tipo de raciocínio determinava que não era por sua eficiência que uma ação deveria ser julgada e sim pelo grau de amor nela investido.

As regras sobre o uso de luvas foram mais tarde modificadas, mas o enfoque no amor em lugar de simples preocupações racionais nunca o foi, continuando de pé a controvérsia a respeito dos níveis de cuidado.

Frases de Madre Teresa

Ontem já passou.

Amanhã ainda não chegou.

Só temos hoje.

Comecemos.

Problemas de Saúde

Madre Teresa enfrentou muitos problemas de saúde nos últimos catorze anos de sua vida. O primeiro, bastante grave, ocorreu num acidente de carro em 1964, quando bateu com a cabeça num acessório metálico do painel. O ferimento exigiu dezenove pontos cirúrgicos e Madre Teresa deveria permanecer no hospital. Mas ao saber do custo do tratamento, saiu e foi para uma casa das Missionárias da Caridade a fim de se recuperar.

Em 1983, caiu da cama no convento da ordem em Roma e foi hospitalizada com um pé machucado. Após o exame, os médicos informaram-na de que, se não tivesse ferido o pé e ficado em repouso, teria tido um ataque cardíaco. Madre Teresa concluiu que seu anjo da guarda, a fim de protegê-la, derrubara-a do leito para que descansasse e recebesse os cuidados médicos necessários. Durante o período de recuperação, recusou-se a tomar analgésicos, explicando que desejava oferecer seu sofrimento a Deus. Deram-lhe alta, mas sua saúde continuou frágil e sua pressão às vezes subia muito de manhã. Isso, porém, não a impedia de levantar-se e entregar-se ao trabalho.

Em 1990 teve, de novo, problemas cardíacos e voltou a ser hospitalizada com angina e malária. Foi liberada após cinco semanas e aconselhada a diminuir o ritmo de vida. Mas quinze dias depois estava de volta ao hospital, desta vez para implantar um marcapasso. No ano seguinte foi hospitalizada novamente, com pneumonia. Não queria ser internada, mas, por fim, concordou em ir a San Diego para uma angioplastia que lhe desobstruiria as artérias após o ataque cardíaco provocado pela pneumonia.

Madre Teresa então pediu para afastar-se de suas funções à frente da ordem; mas, vendo que as irmãs não concordavam quanto à escolha de sua substituta, retomou o cargo.

Em 1993, foi hospitalizada novamente em Délhi com malária e congestão pulmonar. Na unidade coronariana, passou por uma cirurgia num vaso obstruído. Comemorou seu 83º aniversário no hospital. Para aí voltou de novo no mês seguinte, para desobstruir outro vaso.

Mais uma queda da cama e um osso fraturado no quadril levaram Madre Teresa outra vez ao hospital em 1996, e poucos meses depois ela torceu o tornozelo. E outra vez em conseqüência de uma febre alta. Seu estado era tão grave que ela só conseguia res-

Problemas de Saúde

pirar com a ajuda de aparelhos e muitos temeram por sua vida. Contudo, melhorou e insistiu em receber alta, voltando dez dias depois em conseqüência de outra queda. Um eletroencefalograma revelou uma espécie de sombra no cérebro, mas Madre Teresa foi liberada sem nenhum tratamento para esse problema.

No mês seguinte começou a sofrer de dores no peito e teve um ataque do coração, sendo admitida num centro cardiológico especial em Calcutá para posterior cirurgia. Insistiu então em deixar o cargo, e as companheiras, por fim, escolheram a irmã Nirmala para sua sucessora.

Durante sua doença constante em 1997, Madre Teresa submeteu-se a um exorcismo que foi mantido em segredo até 2003. O arcebispo Henry D'Souza, de Calcutá, esteve hospitalizado ao mesmo tempo que Madre Teresa, sob os cuidados do mesmo médico. Descobriu que Madre Teresa ficava calma ao longo do dia, mas se agitava muito à noite, arrancando os fios do equipamento de monitoração. D'Souza concluiu que ela "talvez estivesse sendo atormentada pelo mal". Perguntou a Madre Teresa se gostaria de ser exorcizada e, ante sua resposta positiva, ordenou a um padre de Calcutá que lhe lesse uma prece de exorcismo. O padre parecia constrangido, mas obedeceu. Ao término do procedimento, o arcebispo disse que Madre Teresa "dormiu como um bebê".

Problemas de Saúde

O PEQUENO LIVRO DE MADRE TERESA

Problemas de Saúde

D'Souza e outros comentaristas insistiram em que o exorcismo não afetou negativamente a santidade de Madre Teresa, pois não se acreditava que ela estivesse de fato possuída pelo demônio e sabe-se que pessoas santas são muitas vezes atormentadas pelo mal, como se supõe que o próprio Jesus o foi. Nas palavras do arcebispo D'Souza, o incidente mostrava que Madre Teresa era ao mesmo tempo santa e humana.

A última declaração pública de Madre Teresa ocorreu na ocasião da morte da princesa Diana, a quem ela elogiava por seu trabalho junto aos pobres. Naquela sexta-feira, 5 de setembro de 1997, véspera do funeral de Diana, o coração de Madre Teresa bateu pela última vez. Seu corpo ficou exposto na sede das Missionárias da Caridade em Calcutá, onde convidados especiais poderiam velá-lo. Foi levado em seguida por uma ambulância da ordem para uma igreja nas imediações das favelas, a fim de que também os pobres lhe prestassem as últimas homenagens.

No dia 13 de setembro, Madre Teresa foi levada para o cemitério na mesma carreta militar que já transportara os corpos do Mahatma Gandhi e Jawaharlal Nehru. Dezenas de milhares de pessoas foram às ruas para o último adeus.

Frases de Madre Teresa

Se não temos paz

é porque esquecemos

que pertencemos uns aos outros.

O PEQUENO LIVRO DE MADRE TERESA

Beatificação

Os procedimentos usuais para avaliar a santidade de uma pessoa na Igreja Católica só começam cinco anos após sua morte. No caso de Madre Teresa, o papa João Paulo II reduziu esse prazo colocando-a naquilo que alguns comentaristas chamaram de via rápida para a canonização.

O processo para qualificar alguém de santo na Igreja Católica exige que bispos locais investiguem o candidato após sua morte. Um relatório é enviado ao Vaticano e revisto por teólogos e cardeais. Se a pessoa for considerada um modelo das virtudes católico-romanas, o papa a declara Venerável. Isso não constituiu problema no caso de Madre Teresa.

Depois que o candidato é declarado Venerável, um milagre precisa ser realizado por ele e aprovado pelo Vaticano antes de o declarar beato. Uma mulher bengali de 30 anos, Monica Besra, relatou que tivera um tumor no estômago e poderia morrer. Buscou a ajuda das Missionárias da Caridade e, ao entrar na capela, avistou uma luz se projetando em sua direção de um quadro de Madre Teresa. As irmãs então oraram por ela e, quando ela despertou à l hora da manhã, o tumor havia desaparecido.

Uma comissão do Vaticano reconheceu o milagre, concluindo que não havia nenhuma explicação científica para a cura. Infelizmente, vários médicos indianos que cuidaram de Besra discordaram. Quando o milagre foi divulgado, o governo de Bengala Ocidental promoveu uma investigação e seu ex-ministro da Saúde, Partho De, declarou que não pretendia desrespeitar Madre Teresa, mas a cura de Besra não fora miraculosa. Os médicos Manju Murshed e Ranja Mustafi, que cuidaram de uma meningite tuberculosa em Besra, disseram que o tumor estava relacionado à doença e desapareceu após tratamento intensivo com drogas específicas. Por fim, um médico indiano atestou que a cura fora mesmo um milagre, enquanto o dr. Murshed denunciava estar sendo pressionado pelas Missionárias da Caridade a mudar de opinião. O marido de Besra também disse que sua história não é verdadeira e que ela apenas desejava chamar a atenção.

Outrora, as comissões do Vaticano encarregadas de examinar um milagre tinham o chamado "advogado do diabo", que procurava negar o fato. Esse método já não está mais em uso e talvez por isso o médico que primeiro tratou de Besra, contrário à idéia de milagre, não foi entrevistado pela comissão.

Beatificação

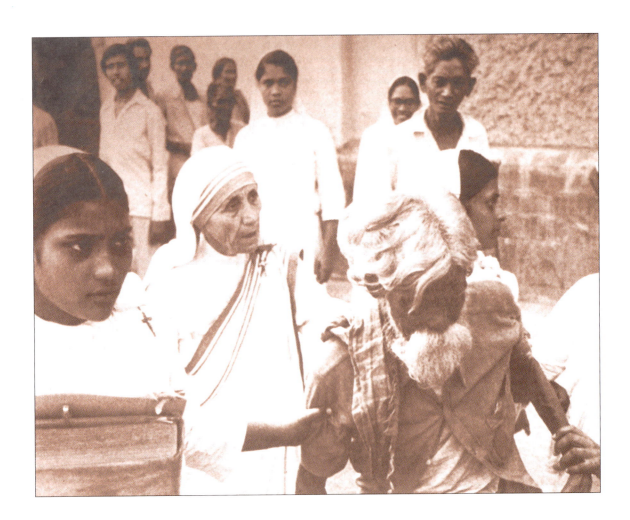

Beatificação

Muitos dos admiradores de Madre Teresa não se importam com as irregularidades processuais ou questões referentes a milagres. Decidiram há muito tempo que ela é santa e acatam qualquer validação do Vaticano dessa tese. Parece que semelhante controvérsia após a morte é bastante apropriada a uma mulher que, em vida, nunca recusou uma polêmica. Centenas de milhares de pessoas assistiram à cerimônia de sua beatificação em outubro de 2003. E milhares ainda se reúnem todos os anos em Calcutá, por ocasião do aniversário de seu falecimento.

Para que Madre Teresa seja considerada santa, é necessário que mais um milagre lhe seja atribuído e aprovado pelo Vaticano.

Frases de Madre Teresa

A vida é uma oportunidade, aproveita-a.

A vida é beleza, admira-a.

A vida é bênção, aceita-a.

A vida é um sonho, realiza-o.

A vida é um desafio, enfrenta-o.

A vida é dever, observa-o.

A vida é um jogo, disputa-o.

A vida é valiosa, preserva-a.

A vida é riqueza, guarda-a.

A vida é amor, desfruta-o.

A vida é minha história, ouve-a.

A vida é promessa, cumpre-a.

A vida é sofrimento, supera-o.

A vida é canção, entoa-a.

A vida é luta, trava-a.

A vida é tragédia, sofre-a.

A vida é aventura, enfrenta-a.

A vida é vida, salva-a!

A vida é sorte, aproveita-a.

A vida é muitíssimo preciosa, não a destruas.

Agradecimentos

Camera Press, 24, 46, 67, 94, 105, 108, 126; Das Studio, Darjeeling, 26; Drita Publishing, 17; Eileen Egan e Família Bojaxhiu, 41, 42, 82, 88, 112, 120; Emmanuel Dunand, 142; Frances Brown, 14, 22, 25, 29, 32, 56, 61, 129, 146, 150; Gary Woods, Londres, 20, 31, 58, 62, 64, 68, 80, 93, 101, 144; Mark Edwards, 114; Michael Collopy, 7, 11, 19, 34, 36, 48, 55, 71, 86, 90, 96, 102, 106, 118, 122, 123, 124, 132, 134, 139, 141, 149, 152; Polak Matthew, capa; Raghu Rai, 50; Syndication International, 52; Topham Picturepoint, 44, 75, 136; Zefa, 9.